잠깐이라는 산책

김진숙

시인의 말

첫눈이 지나고도
한참을 아팠다

눈 내려 그런 줄 알았다

아프다 말하지 못했다

세상이
더 아팠으므로

올리브 묘목 한 그루 작은 화분에 심었다

내게도 꿈이 생겼다

2025년 가을
김진숙

잠깐이라는 산책

차례

1부 조금 더 다정해질 때까지

당신의 밤은 어때요	11
안녕, 나야	13
못의 기분	14
아직 처마 밑이다	16
지문 인식	17
핸드 프린팅	18
당신도 얼룩말입니까	19
잠깐이라는 산책	20
감쪽같이	22
사적인 슬픔의 안부	23
낭만 보존의 법칙	24
저녁의 시	25
그림자 산책	26
오늘의 결심	27
가을 한 채	28

2부 길들지 않은 문장이어도

달의 외출	31
안녕, 엄마	32
귀를 열다	33
육추	34
의자의 연대기	36
수국 궁전	38
아홉 살의 운동화	39
나는 자주 불안을 물어뜯었다	40
낙엽	42
국지성 호우	43
천국의전	44
서쪽의 온도	45
손의 기억	46
해동 일기	47
어떤 잠에 대하여	48

3부 사는 건 단단해지는 것

머들	51
바다 학교	52
뿔소라의 노래	53
누가 묻는다면	54
달방 있습니다	55
환대	56
어머니의 어머니는	57
설문대할망	58
가파도 해바라기	59
노루귀	60
산물	61
해삼	62
인디언 옐로	63
밀양이라 부르면	64
작품에 손대지 마시오	66

4부 바닥에 이르러서야 비로소 보이는

당신의 처방전	68
장두 이재수	69
월광 농사	71
코레아 우라	72
어떤 입국 신고서	73
곤을동 해바라기	74
첩첩산중	75
나는 아직 산을 모른다	76
붉은 신발	77
여기는 지금 비가 와요	78
물 위의 이름들	80
철원의 별	81
응우옌 럽	82
사진에 관한 노트	83
바람 하나 바람 둘	84
산내 골령골	86
수상한집	88

5부 섬이라는 말과 덕분이라는 말 사이로

목련이 돌아오는 골목	91
봄의 설계도	92
그 하늘이 참 곱다	93
평등이라는 말은	94
아직이에요	95
석모도 대화	96
두더지 게임	97
서울 단상	98
문득, 그런 생각을 했다	99
아침 달	100
우리 금능으로 가요	102

해설

시작의 섬광과 결정의 빛	104

―김지윤(문학평론가)

1부
조금 더 다정해질 때까지

당신의 밤은 어때요

택배 상자를 열자
쏟아지는 사유의 밤

잘 여문 밤톨 하나 손에 쥐고 만져 본다

고맙고 단단한 질문
당신의 밤은 어때요

키보드 자판들이
어둠을 다듬는 동안

밤의 가장자리에 웅크린 당신과 나

아팠어, 말하지 않아도
먹먹한 밤이 고이고

지난 계절 나의 뜨락은
생밤 같은 달의 나라

겹겹이 포개 두었던 불면을 다독이며

이제는 아프지 말자
또르르 굴러간다

안녕, 나야

그냥, 이라는 말을 '아프다'로 듣는다

그럭저럭 지낸다는 '외롭다'로 받아 적는다

새벽은 궁리가 많아

의역을 자주 한다

못의 기분

옛 교실 나무 바닥은 온통 못투성이야
꿈에서 깰 때마다 발바닥이 축축해

마음도 헐거워지면
자주 피를 흘리는 법

서랍을 열어 보면 누군가 뒤돌아보고
헝클어진 낙서장에 녹슨 문장 한 줄

무심코 찔리곤 하지
깊게 박힌 그 겨울

모처럼 못처럼 비 오는 그런 날이면
하늘 향해 바로 선다는 못의 기분까지

맥락도 검정도 없이
밤 편지를 쓰는 나

유리창에 흘러내리는 눈동자를 보세요
언제든 뽑아 쓸 눈물쯤으로 생각하지만

세차게 내리칠수록
완결되는 당신 같아

아직 처마 밑이다

신발 끈이 풀린 채 타닥타닥 오는 비
양철 지붕 그 아래 낡아 가는 골목에선
누군가 놓친 사랑도 자주 비를 맞는다

혀뿌리에 눌러앉아 잘 떼어지지 않던 말
미안해, 그 흔한 말도 모퉁이 돌아 나가
지금 막 뛰어내린 나는, 아직 처마 밑이다

지문 인식

내가 아닌 적 없는데
나를 모른다고요?

나를 모르는 당신은
도대체 누구실까요?

아무리 눌러 보아도
나를 읽지 못해요

제발 나를 읽어요
침 발라 읽어 봐요

오른손 엄지와 검지
흐릿해진 손금들

하루를 통과할 때마다
내가 잠깐 사라져요

핸드 프린팅

겁먹은 적 많았지
나를 뒤집어 보는 일

가끔은 뛰쳐나갔다 되돌아온 용기에게

바람은 낄낄거렸지
아무 일도 없는 듯

악수 한번 못해 본 왼손을 내려놓자
내 안을 빠져나간 빗살무늬 지문들

절반을 살아온 길이
부끄럽게 찍히고

언제쯤 빈손이 되어 세상을 배우게 될까
몸에서 가장 정직한 바닥과 바닥의 마음

조금 더 다정해질 때까지
나를 꼬옥 눌러 본다

당신도 얼룩말입니까

마지막 남은 잎 그마저도 사족이라
초겨울 야생의 결기 뼈마디가 굵었을

담쟁이 오래된 문답
흰 벽처럼 듣습니다

말갈기 휘날리며 달려온 시간입니까
뒤엉킨 하늘 아래 멈춰 선 노래입니까

벽과 벽 기대고 사는
숨입니까, 우리는

우리가 산다는 건 목숨 건 일입니다
잡은 손 마디마디 핏줄 선 사랑입니다

당신도 말발굽 소리
들었으면 합니다

잠깐이라는 산책

하루의 시간을 오려
하늘 한 번 보는 일

당신이 재촉하는 겨울 문턱을 넘다가
잠깐은 어디까진가 멈추고 선 날이다

기차를 기다릴 때
밥물이 끓고 있을 때

아직 지우지 못한 전화번호를 누를 때

사라진 간이역처럼
먼 데서 오는 것들*

한눈팔기 좋아하고 제멋대로 꿈을 꾼다
돌아와 생각하면 놓치는 일이 태반인
아무도 붙들 수 없는 그곳으로 가 보는 일

모니터에 박혀 있는 눈동자는 두고 간다
누군가 다녀가는 잠깐이라는 산책에선

마지막 뜸을 들이는 일
그마저도 소름이다

* 홍임정의 소설 제목을 인용.

감쪽같이

당신을 썼다 지운다
옆에 선 나도 지운다

감쪽같다는 말은
놓아 버린 사랑 같은 거

편지를
모두 태운 날

사라지던
나처럼

사적인 슬픔의 안부

달라붙은 밥알을 버릇처럼 떼서 먹듯
몸에 붙은 울음을 습관처럼 잘라 먹다가
아직도 이별의 문법 고쳐 쓰지 못하고

사소한 오늘과 나를 무엇이라 번역할까
무너지지 않으려고 계속 쓸 수 있을까
예전에 그랬던 것처럼 반성문만 쓰는 나

깨어진 기타는 더 이상 노래하지 않아
시가 없다 사랑도 없다 서로가 멀어질 때
슬픔과 슬픔이었네, 나를 일으켜 세우는 것은

낭만 보존의 법칙

다 낡아 해진 시간을 버리지 못하겠다
기어코 계절을 따라 외출했던 구두 한 켤레
오래된 굽을 버리고 저만 혼자 돌아왔다

신발장 열어 보면 구겨지고 흐린 날들
절뚝이며 걸어오는 내 안의 발자국 소리
한 줄도 지우지 못한다 어제의 귀가처럼

저녁의 시

전깃줄에 어린 제비들
나란히 앉아 있다

또 한 마리 날아와
착지하는 순간

두 발로
꽉 붙든 허공

걷는 내내
생각했다

그림자 산책

밤은 왜 낮은 쪽으로 등을 서로 기대는지
속내를 길게 드리운 야자나무 지나서
갈대숲 새들의 언어 외국어로 듣다가

울음이 울음을 덮고 어둠이 어둠을 덮고
갯바위 언저리마다 찬물에 부리를 닦는
저들의 문장 한 줄을 받아쓰지 못한 밤

오늘의 결심

모두가 시인이라서 시인이 따로 없다는
인디언의 문장처럼 나 다시 태어날까
밤이면 달빛을 찍어 첫 문장을 또 쓰네

가장 오래된 스승은 바위 속에 산다는 말
잘라 낸 마음자리에 전사처럼 깨어나길
바위에 계란 치기다, 그런 말도 잊었네

가을 한 채

삼 개월 무이자로 들여놓은 가을 한 채
커튼을 젖히자 스며드는 햇빛 사이로
감물 든 염색 스카프 흘린 것도 같고요

달이 그믐 쪽으로 한 귀퉁이 깨물 때마다
불안을 물어뜯던 어릴 적 버릇은 남아
몇 남은 나뭇잎조차 뜯어 먹곤 하지요

새들도 더 이상 집을 짓지 않는 시간
방금 뜯은 불안은 책갈피에 넣어 둘래요
마음 쪽 부서지는 날 다시 꺼내 보려고요

2부
길들지 않은 문장이어도

달의 외출

밤하늘 바라보다
주머니를 뒤적여요

날마다 비워 내도
다시 또 차오르는

어머니 생각나는 밤
달을 자주 읽어요

찌르르 풀벌레 소리
가까워진 어깨 너머

모서리 아물 때쯤
외출에서 돌아와요

하얗게 눈동자 하나
완성되는 여름이에요

안녕, 엄마

구름을 지우는 일은 여름과 나의 계획

소나기를 만났어요 땅만 보고 뛰어가다 정신없이 뛰어가다 돌부리에 걸렸지요 우산을 그만 놓치고 흠뻑 젖은 날들에게 심장을 그어 대는 첼로의 현을 따라 소나기가 깔깔대요 숨고만 싶어져요 엄마의 자궁 속은 오래전 나의 다락방 참았던 힘을 다해 끝까지 달려가요 턱밑까지 차오른 이 기분은 여름이에요 핏덩이로 태어나 딸이 되고 여자 되고 아내 되고 어머니 되는 딸들의 연대기를 나는 아직 쓸 수 없어요 구름의 노래를 너무 자주 불렀나 봐요 이 저녁 누가 자꾸 눈물을 훔쳐 가요

여자로 태어났지만, 그런 말은 지워요

귀를 열다

향일암 고운 스님
저녁 종을 칩니다

납작한 바위 위에
나를 꺼내 놓으면

먼 데서 오시는 어머니
종소리를 닮았습니다

동전만 한 소원 하나
그마저도 부끄러워

어둡고 습한 모서리
길들지 않은 문장이어도

온전히 펴질 때까지
먼 곳이 되기로 합니다

육추育雛

오름식당 처마에 제비들 세 들어 산다
흙에다 지푸라기 윗목 같은 보금자리

살 비벼 사는 모습이
단칸방 옛집이다

눈곱도 떼지 못한 새벽이 눈에 밟혀
입에서 입으로 전하는 치열한 사랑으로

묵묵히 지켜 내는 것
어머니도 그랬다

어머니란 이름으로 어머니가 되기 위해
깨물면 다 아팠을 열 손가락 생의 지문

어떻게 건너셨는지
가신 길이 아득해

보름 녘 내 창가에 통통 분 젖을 물리던
목련이 떠난 자리 푸른 잎 저리 씩씩한데

아직도 넘어질 때마다
엄마, 엄마 찾는다

의자의 연대기

남문동 버스 정류장엔
사람보다 의자가 많지

하고 싶은 말보다
안 듣는 척 귀 세운

흠집과 기우뚱한 생각들
농담처럼 손 내밀지

애초에 떠날 생각은
이미 접어 두었는지

지나가는 바람도
늙어 가는 시간도

모두 다 불러들이고
귓속말을 건네지

누군가의 일생이
다녀간 자리마다

화단 가꾸는 걸
좋아하는 사람처럼

노을꽃 곱게 피우고
이별을 마중하지

수국 궁전

겹겹이 쌓아 올린 유월의 저 모퉁이
눈물의 건축술은 얼마나 또 위대한가
핏발 선 마른하늘에 다녀가신 어머니

어머니 우는 모습 몰래 본 적 있었다
병정 같은 헛꽃들 지키고 선 아침나절
끝까지 살아생전에 그 이유를 묻지 못했다

아홉 살의 운동화

소낭밭 지날 때면 출처 없는 그림자
흉흉한 소문들만 발부리에 걸려서
아홉 살 파란 운동화 자주 끈이 풀렸지

건너편 도살장에선 돼지들이 날아다녀
하늘로 오르려고 안간힘 쓰는 거야
꼬리에 꼬리를 잡고 놓아주질 않았지

그런 날 먹구름은 비명처럼 몰려와
두 귀 틀어막아도 내 뒤를 따라왔지
발목을 빼앗길까 봐 땅만 보고 달렸어

아침 검색창에 뜬 가자 지구 아이들처럼
대문 밖 서성이는 이십세기 겁 많던 아이
세상은 너무 위험해, 신발 끈 고쳐 매 준다

나는 자주 불안을 물어뜯었다

떠나지 못한 섬은
늘 바다를 맴돌았지

한소끔 파도를 끓여
문밖에다 내걸면

하얗게 생의 노래는 자주 닻을 내렸고

나는 늘 아비에게
가장 아픈 새끼손가락

촛불 켠 소녀처럼
기도란 걸 처음 했지

불안이 커지지 않게 물어뜯곤 했던 밤

손톱과 불안 사이
불안과 결핍 사이

어둠을 갉아 대도
이빨은 또 자라나서

남몰래 초승의 문장 훔치고도 싶었지

잘근잘근 씹어 대는
어제의 결심들이

혀끝에 닿았다가
툭, 떨어져 달아날 때

그토록 부르고 싶던 말

아버지
나의 아버지

낙엽

이토록 화려한 수의 본 적이 있었던가

참 곱다 곱기도 하지, 어머니가 오신다

십일월 작은 물가로 흘러드는 피붙이들

국지성 호우

그 여름 걷어차고 밖으로 뛰쳐나간
사춘기 소년처럼 장대비 쏟아진다

바닥이 다 파편이다
주워 담지 못하는

세상과 부딪쳐라
대낮의 일침으로

터지면 멈추지 않는 울음 아직 어려워

우산도 우비도 없이
함께 서서 맞는 비

천국의 전

마지막을 마중하고
마지막을 배웅하는

뒤는 보지 말고 앞만 보고 가시라

불문율 지켜 온 하루
그 골목을 지난다

까만색 양복 차림에 장의차를 닦는 사람
돌담에 내리꽂는 겸손의 햇살들과
십일월 먼나무 열매 그늘마저 환한 날

트랙터 훑고 간 자리
메밀밭도 지워진다

꽃 피고 당신 지고 이별은 예고도 없이

마지막 인사를 하고
마지막을 배웅하는

서쪽의 온도

노을을 펼쳐 두고 함께 걷던 언젠가

당신은 길가에 핀 달맞이꽃이 궁금하고

나는 또 괭이갈매기 울음소리에 기대고

다른 곳을 볼 때마다 깨진 거울 같았지만

떨림이 사라졌다고 멀어진 게 아니란걸

밑바닥 그림자마저 우린 이미 닮아 가는걸

곁을 준다는 건 서쪽을 내어 주는 일

마주한 저녁상에 끼륵끼륵 안부를 묻는

새들도 눈치챘을까 내 안에 사는 당신

손의 기억

주먹 쥔다는 건
내려놓지 못한 말

늦가을 안쪽처럼
반성 못한 일처럼

주먹을 다시 펴 보면
가진 게 너무 많아

많아서 흘리고
흘러서 담지 못하고

어제를 지나온 길이
이와 같지 않은지

온전히 나를 뒤집어
다시 쓰는 아침이다

해동 일기

두서없이 쟁여 둔 육식성의 붉은 시어들
울음 다 빠져나가도록 모르는 척했다니

물기를 잃은 문장은
시가 되지 못하고

저녁은 마음을 꺼내 해동 버튼 누른다
한 번 닫힌 마음은 비틀어진 생선 같아

다 녹아 풀릴 때까지
쓰고 또 쓰라 한다

캄캄한 풍경 속으로 나를 던져두고
어제를 잃어버려 푸석해진 사랑이여

푸르게 싹이 나도록
닦고 또 닦으라 한다

어떤 잠에 대하여

리모컨을 손에 쥔 건 소파의 오래된 습관
빈틈없는 사람처럼 또 하루 살아 냈으니
푹 꺼진 당신의 옆구리 이해한다 말해 줄까

풍선에 바람 빠지듯 새가 되어 날아가는
깜빡하면 잠들고 깜짝할 새 깨어나는 새
꽃잠도 귀잠도 아닌 노루잠이면 어때요

3부

사는 건 단단해지는 것

머들

켜켜이 돌무더기에 눌러놓은 말의 씨앗

일만 팔천 신들이 풀어내는 바람 따라

하나씩 캐어 낸 말들 내 몸에도 싹틀까

바다 학교

물에 든다는 건 바다를 배우는 거
바다를 배우기 위해 작은 물과 노는 거
물에서 놀 줄 알아야 조끔씩 물드는 거

물이 든다는 건 바다를 안다는 거
그 바다 너른 품에서 욕심부리지 않는 거
물너울 타고 넘던 날 두려움을 아는 거

뿔소라의 노래

오조리 뿔 같은 여자 단번에 삼켜 버린 말

마지막이라는 말은 살기로 작정한 말 물로만 물로만 돌아진 섬이라서 눈뜨면 해 뜨면 바다로만 기울던 그 여자 그 억겁을 무엇이라 부를까 여든 고개 넘었어도 바다가 부르더라 병상에 누웠어도 바다가 먼저 찾더라 한숨도 바다에 들면 소라 전복 되더라 영등할망 재운 바당이어도 사나 이어도 사나 물에 들기 좋은 날은 바다가 허락한 날 바다가 허락한 만큼 딱 거기까지 더도 말고 덜도 말고 딱 거기까지만 부를 거야 아무리 힘에 부쳐도 숨을 먹진 않을 거야 물결치는 저 바당 재와 줍서 이어도 사나 이어도 사나 설 명절 조상님 상에 소라라도 올려야지 혼잣말 너울너울 파도 따라 잠긴 날,

물숨은 껍데기에 들어 한참 머물다 가셨다

누가 묻는다면

아침 녘 안개 풀어 어제를 닦아 내는
발밑 돌멩이에도 사무친 뼈가 있다는 말
제주 땅 어디에서나 흘려듣지 못해요

당신 몸 잠시 빌려 오늘을 살아가요
짙은 어둠을 찢고 일어서는 바람 따라
한라산 불의 말씀들 새겨듣곤 하지요

아흔아홉 골짜기로 흘러내린 물의 기억
피가 되고 흙이 되고 꽃이 되어 피었나니
설문대 그늘에 기대 내일을 파종해요

달방 있습니다

산지천 불빛 찾아 흘러드는 달이에요

페인트칠 벗겨진 골목의 시간 속으로

입간판 생의 화살표 그 길 따라오세요

그리움을 게우는 데 한 달이면 넉넉해요

가물대는 후렴구와 꽃 벽지에 핀 얼굴들

그림자 등 시린 밤에 둥글게 떠올라요

날마다 흐릿해지다 지워지곤 한다는데

읽다가 돌아서면 밀려오는 항해의 기록

풍랑도 달래기 좋은, 달방 여기 있습니다

환대

1.
산 하나 깨뜨려야 아기 천사 내려온다
두 주먹 불끈 쥐고 얼마나 씩씩한지
첫울음 터질 때마다 내 심장도 뛰었어

2.
보리낭 깔고 누워 아이 낳던 그 옛날
세상 모든 통증을 혼자 다 받아 낸 손
어머닌 아흔다섯에도 이름은 영희 산파

어머니의 어머니는

열 자식 낳았는데
아들 셋에 딸이 셋

딸이고 아들이고
차별하는 법이 없어

공부도 해야 한다고
밭에 가자 안 했대

해도 해도 끝없는
농사일 버거워도

며느리 오는 날엔
밭에 가지 않으셨대

그것은
마음이 하는 일
어머니의 어머니는

설문대할망

긴 어둠 뚫고 나온 제주 땅바람이라
망망한 바다 위에 수평선 끌어당기며
저물녘 머리끝까지 피가 도는 섬이라

우리는 흐르는 쪽으로 흐르고 흐르나니
따뜻한 마음 한 자락 가슴에 품고 있으면
말끔히 세상을 씻는 빨래터에 닿으리라

땅 씻듯 세상 씻듯 평등의 옷감을 짜듯
나란히 살아왔다고 하늘에다 쓰나니
눈물도 서러운 상처도 대신 닦아 주리니

까마귀야 울지 마라 달래듯 여기 오시라
돌이며 바람이며 치마폭에 햇살 한가득
푸르게 물길 헤치며 철썩철썩 오시라

가파도 해바라기

꽃처럼 산다는 건 마음의 불 지피는 일

바람에 흩어져도 다시 꿈을 키우는 일

온종일 파도의 섬이 철썩철썩 읊는다

노루귀

산도를
막 빠져나와
울음 터진
꽃 좀 봐

얼마나 기특한지
무릎 꿇고 눈 맞추는

한라산
할망 손지 같은
그런 시인을
안다

산물

맨 처음 물은 작은 심장을 가졌을 거야
첫아이의 박동 소리 들었던 그날처럼
바람도 들었나 몰라 그 먹먹한 숨소리

검은 돌에 입 맞추며 살아 낸 길이었지
흐르다 멈추고 다시 흐르다 스며든 땅
더 깊게 파고들수록 솟구치는 함성이었지

그 내력 알 수 없지만 당신 몸에 닿으면
두 눈 맑게 하고 막힌 혈도 뚫었다는
할머니 넋들임까지 받아 낸 생이었지

물허벅 물항아리 제주 여자 발자국 따라
세미물 두말치물에 나도 정성껏 손을 씻고
조반물 한 바가지로 아침상 차리고 싶다

해삼

어둠이 건너온다
일생이 물컹하다

물 밖으로 나온 고모는 금세 단단해진다

사는 건
단단해지는 것

늦은 저녁상을
차리듯

인디언 옐로

망고 깎다가 문득, 해바라기를 떠올렸죠

무더기로 핀 유채꽃 그 옆을 지날 때도

노랑은 종이배 접어 서쪽 하늘로 띄우고

뭇별들을 앉혀도 빛나지 않던 화가에게

망고 잎과 물만 먹어 딱딱해진 비명들은

병든 소 눈물을 깎아 빛나는 밤을 선물했죠

사이프러스나무 너머 노란 소의 눈망울들

밀밭도 카페 바닥도 우유를 따르는 빛들도

캔버스 추모하는 밤 황금빛 욕망은 비릿했죠

밀양이라 부르면

아는 사람 하나 없는데 밀양이라 부르면
쇠사슬 칭칭 감은 할매들 마지막 일침

"산에도 주인이 있다
 나를 밟고 가거라"

밤늦게 도착한 단장면 사연리는
산이 산을 업어 주고 달빛 아직 고운데

철커덕 감전된 하늘
송전탑은 분명 유죄다

가슴으로 우는 바람 손바닥에 닿으면
울력으로 뒤척이다 쏟아지는 문장들

어떻게 지켜 온 땅인데
비밀스런 햇살아

밀양, 하고 부르면 산으로 오르던 사람들
거대한 철탑에 맞서 맨몸으로 버틴 사람들

절절히 부르던 노래
귓가에 쟁쟁하다

작품에 손대지 마시오

포크레인 삽날이 긁어 대는 땅의 오후

소스라친 감자밭에 흰 꽃 흰 꽃 피어나

빼꼼히 고개 내밀고 감자밭을 지킨다

4부
바닥에 이르러서야 비로소 보이는

당신의 처방전

부러진 마음에서 내일이 자라는 거야

쓰러진 세상에서 길을 다시 트는 거야

베란다 다육이에게 처방받은 나의 봄

장두 이재수

1.
목숨을 지키기 위해 목숨 걸었습니다

맨 위에 이름 올리고 머리띠 질끈 동여매고 들불처럼 일어나라! 신축년 보리 바람 분노할 줄 알아야 세상이 변합니다 굶주린 들녘으로 푸르게 일어서던 그 옛날 조선 바람 꺼지지 않는 불씨로 남아 바람은 바람을 낳고 죽창은 죽창을 깎고 빼앗기고 찢긴 가슴에 불 지펴 이끌던,

그 사내 스물다섯에 장두가 되었습니다

2.
제주에서 서울로 압송되던 바닷길

어머니 생각하면 바다가 다 눈물입니다 배 밑창에 철썩이는 파도가 다 통곡입니다 뜬눈으로 보낸 날이 몇 날 며칠인가요 어떡허민 좋으코, 어떡허민 좋으코, 물 한

사발 떠 놓고 소리 없이 내뱉던 백혈 같은 촛농이 작은 산 될 때까지 빌고 또 빌었을 어머니와 동생 순옥이 그 어린것을 생각하면 온몸 뼈마디가 저려 옵니다 허나 목숨 구걸하지 않겠습니다 절대로 무릎 꿇지 않겠습니다 남쪽 하늘 향해 절 한 번 올리지 못합니다 서울 땅 어느 언덕 죄수들만 묻힌다는 곳 내 육신 흙이 되어도 푸르게 바람 일어 돌아갈 길 압니다 이제는 울지 마세요, 어머니 나의 어머니

청보리 익어 가는 날 바람처럼 다녀갈게요

월광 농사

저 달빛 등에 지고
두만강 넘었다지

낫 같은 달의 손으로
몰래 뿌린 볍씨가 자라

황무지
광활한 가슴
밥이 되고
길이 되고

코레아 우라

가도 가도 자작나무 서릿발의 흰 뼈들

꼿꼿한 결기 하나 지키며 살아왔구나

서로가 어깨를 걸고 물러서지 않았구나

어떤 입국 신고서

"나는 홍범도요 28년 차 고려의 의병이요
방문 목적을 묻는 거라면 고려의 독립이요"

발자국 쩌렁쩌렁한
천둥 같은 그 이름

곤을동 해바라기

겨울 지나 봄의 허기에 꽃씨를 뿌렸지요

막걸리빵처럼 부풀어 오른 제주 초가 흐릿해진 옛 지붕 위에도 꽃씨를 뿌렸지요 코흘리개 아이들이 두런두런 자랄 수 있게 작대기 하나 들고 통시에 앉은 엉덩짝에도 톳이며 미역이며 바다를 삶아 내던 솥단지 까맣게 타 버린 43의 몸서리에도 해바라기 꽃씨를 뿌렸지요 물허벅 지고 오는 아낙과 젖 물린 채 종종걸음으로 저녁상을 차려 내던 정지에도 오종종 둘러앉은 낭푼밥 숟가락 달그락달그락대는 잃어버린 마을이라 아물지 않는 상처는 덧나기 일쑤라지만 더 이상 덧나지 않게 꽃씨를 뿌렸지요 무너진 제주 돌담 쌓고 또 쌓으며 드디어 꽃씨가 자라 커다란 눈으로 자라,

수없이 깨어난 눈들 팔월 근처였지요

첩첩산중

앞산은 뒷산에게
넓은 등 내어 주고

뒷산은 앞산의 등을
긁어 주고 있었다

오늘은
뒷산의 손을 빌려

당신 등에
닿는다

나는 아직 산을 모른다

나는 아직 모른다, 무성한 숲의 내력을

산으로 흔든 사람들 사라져 버린 사람들

돌아올 사람들처럼 숟가락만 남겨 둔

무너진 집터는 자주 금속성 소리로 울고

쿵쿵 뛰는 심장이 먼저 화답하는 날이면

죽음이 삶을 떠안고 불러 주지 못한 이름들

막걸리 한 잔 올리고 두 손 모아 절할 뿐

녹이 슨 탄피처럼 부서지기 쉬운 일요일은

더 이상 물러설 곳 없어 무작정 비를 맞는다

붉은 신발

넘어진 삶을 일으켜 다시 사는 이 봄날
당신은 돌아왔지만 당신은 여기 없고
바닥에 이르러서야 비로소 보이는 길들

짐승 같은 시간들 바람에 씻겨 보내도
눈물은 그리 쉽게 물러지지 않아서
행불자 묘역에 들어 아버지를 닦는다

닦고 또 닦아 내는 사월의 문장들은
흩어진 신발을 모아 짝을 맞추는 일
아파라, 동백 꽃송이 또 누구의 신발이었나

여기는 지금 비가 와요

오늘은 두 번이나 넘어졌다고 썼다가
두 번밖에 넘어지지 않았다 고쳐 쓴다

마음이 단단해져야
바람에도 일어선다

바닥에 무릎을 꺾고 이마를 내리찧고
아픔이 일러 주는 산은 더 가까워지고

하늘을 다 씻어 내니
사월이 더 또렷하다

사월의 바깥으로 비는 자주 내리고
숲에 내리는 비는 왜 천천히 도착하는지

조릿대 웃자란 길은
왜 발목을 붙잡는지

사상이 무거워서 말줄임표 같은 말은
놓지 못한 마음이라 적어 두면 어떨까
세상에 가벼운 사상이란 있기는 한 걸까

어둠을 끌어안은 봄산 같은 사람들
위패도 내려지고 묘비 하나 없는 사람들
부서져 나무가 되고 거름이 된 사람들

— 한라산 가슴에다 해바라길 심고 싶구나
— 통일되면 저 산에 이름들을 새기고 싶구나

들린다, 저 산에 가면 살아생전 그 말씀이

물 위의 이름들

이보다 슬픈 노래를 들은 적이 없어서
또박또박 들려오는 이름들을 새깁니다
대마도 그 너머까지 흘러간 죽음에 대해

가슴 탕탕 치는 파도가 출렁일 때마다
'너무나 억울해서 목에서 피가 쏟아져'
사라봉 수장된 바다 몸서리를 칩니다

잠겼다 떠오르다 더듬더듬 읽어 가는
나의 추모는 너무 작고 어설픈 노래여서
한없이 돌덩이처럼 가라앉기 일쑤지만

산지항 배에 실려 돌아오지 못한 길
혼이라도 붙어 오시라 베적삼 지어다가
향불을 태우는 마음 두 손으로 받듭니다

철원의 별

아마 저 별은
희디흰 뼛조각일 거야

서로의 심장을 향해
겨누던 총구일 거야

밤이면
몰래 내려와
지뢰 찾던
눈일 거야

응우옌 럽*

오래전 잃어버린 당신의 눈은 동굴이에요
캄캄한 입구 지나 안개 자욱한 들녘으로
불발탄 파편이 박힌 그곳엔 나, 갈 수 없어요

따이한 하미 학살에 잃어버린 두 동생과
코끼리 발목으로 살다 가신 팜티호아 어머니
마지막 당부 같은 노래 나, 들을 수가 없어요

'어쩌나 봄은 왔는데 올봄에 저는 못 가요'
동굴 속 돌고 나와 가슴을 텅텅 울리는
그 노래, 내 안에 흘러 물이 가득 차올라요

* 1968년 2월 22일 베트남전 당시 한국군 하미 학살의 피해자 유가족.

사진에 관한 노트
— 1968년 3월 16일

그들 모두 맨발이었어, 메아리가 들렸다

붉은 마을, 핑크 빌이라고 모두 다 죽였어 태양도 붉고 사람의 피도 붉은데 대나무 숲에는 아직도 붉은 바람이 불고 해가 뜨면 논밭으로 향하던 사람들 하늘이 참 맑았다지 메아리가 들렸다 무자년 제주 사람들 어디선가 다가오고 군홧발이 맨발을 사정없이 밟고 갔어 메아리가 들렸다 무차별 폭격과 타·타·타·타 낯선 땅에서 다시 비명 소리 들었는지 몰라 식은땀이 자꾸 흘러 댓잎 초가에서 메아리가 들렸다 아침을 먹다 죽은 가족들 동생을 품에 꼭 안고 도랑에서 죽은 아이 어린 손자 살리려 빌고 또 빌었던 두 손도 바지춤을 올리던 할아버지 가느다란 손목도 모두 쓰러진 날이었지, 메아리가 또 들렸다 가족을 모두 잃은 열두 살 보 티 리엔 돌아갈 집도 마을도 불에 타 사라진 베트남 손미 마을 제주 땅도 그랬어, 메아리가 들렸다 전쟁은 사람의 얼굴을 한 적이 없다지만,

총을 든 미군 병사는 제 발등을 쏘았다

바람 하나 바람 둘
― 1968년 2월 12일

제주 팽나무 닮은 나무
그곳에도 있었네
바람 하나 바람 둘
바람도 셈을 하는
베트남 중부 꽝남성
퐁니 퐁넛 이국의 하늘

오후의 이랑을 따라
바람이 불어왔네
하얀 아오자이 젖가슴 풀어헤치고
총알은 발사되었네
두려운 눈빛 아래

우물에 내던졌네
대나무 숲에 버렸네
초가집 다 태우고
벼 포기 쓰러뜨리고
투명한 쌀국수 가락

햇살처럼 고운 날

위령비 제단 앞에
몇 개비 향을 태워도
아이의 손을 놓친
어머니의 피눈물이듯
반세기 야유나무도
시름시름 여태 아프네

산내 골령골

비린내가 났다
한 개비 향을 태워도
살 비린내가 났다
뒤엉킨 바람의 뼈
피 울음 삼킨 산야는
백치처럼 푸르고

풀잎과 풀잎들은 들었는지 몰라
흰옷 입은 사람들
손발 묶인 사람들
거꾸로 구덩이에다
던져지던 그날에

그날부터 새들은 노래하지 않았으리
제주에서 여수에서 제삿날도 모르는
여름날 수천의 혼불
거듭거듭 하던 말

나무칼 나무총 전쟁놀이 놀란 아이들
세상에서 가장 긴 무덤을 보았다고
미국산 담뱃갑들이 그날 여기 있었다고

아직 거두지 못한
핏빛 울음이 들려왔다
비린내가 났다
내가 선 흙더미에서
비린내 살 비린내가
울컥울컥 들려왔다

수상한집*

나, 여기 돌아왔네, 늑골 같은 집으로
오사카 이쿠노구 밀항의 시간 너머
누명 쓴 삼십일 년을 무엇이라 부를까

돌아누울 때마다 옆구리로 새는 바람
마른 잎 한 잎에도 툭툭 마음이 꺾였을
슬픔이 슬프지 않게 창을 열어 두지요

열어 둔 나의 창으로 돌아오는 계절들
새들은 갸웃갸웃 노랫소리 그려 놓고
무릎은 관악기처럼 잠에서 깨어나요

무죄요 당신은 무죄, 재심 판결 그날처럼
수상한 나의 기록 다시 쓰는 지붕 아래
길 잃은 당신을 위해 방을 비워 둘게요

* 제주시 도련1동.

5부
섬이라는 말과 덕분이라는 말 사이로

목련이 돌아오는 골목

봄을 논하기 전에 겨울을 배우라네

사랑을 탐하기 전에 마음을 키우라네

오늘은 여행자처럼 길을 잃어도 좋겠네

봄의 설계도

하마터면 밟을 뻔했다
꽃의 안간힘을
낙엽 이불 끌어당겨 겨울 넘긴 노루귀
살아서 돌아온 사람 그 눈빛이 그럴 거

그 환한 눈빛에 그만
무릎 꿇고 앉았다
언 땅을 뚫기 위해 끌어 주고 밀어 주고
조막손 맞닿은 온기
젖 빨던 힘이 그럴 거

언제나 봄의 문장은 꽃이 먼저 쓴다지만
찬바람 오래 머물던 젖은 땅에 닿아 보면
옳거니 박수 소리가
귓바퀴에 감길 거

그 하늘이 참 곱다

빨간 지붕 흙벽 아래 당신을 감히 읽는다

'조금 적게 조금 춥게 조금만 더 외롭게'

섬돌 위 놓인 문장들 군더더기 하나 없고,

'맨손으로 종을 쳐야 아픈 귀에 닿지요'

강아지똥 몽실언니 다 품은 엄마 까투리처럼

해거름 시간의 윗목 다녀가신 생의 그림자

'아무것도 남기지 마라'* 흙에다 뿌린 육신

어메 계신 그곳에 닿아 무릎 베고 누우셨나

조탑리 빌뱅이 언덕 그 하늘이 참 곱다

*故 권정생 작가의 말을 인용.

평등이라는 말은

거꾸로 매달려 보는 철봉의 생각 같은 거

세상이란 놀이터에서 편 가르지 않는 거

나란히 빨랫줄에 걸린 무지개 양말 같은 거

평등이라는 말은 시소의 철학 같은 거

마주 앉아 서로의 무게 두 발로 덜어 주는 거

가까이 다가서려고 나를 조금씩 내려놓는 거

아직이에요
— 세월호

돌고래 등에 업혀 도착할지 몰라서요

집은 기다려요 무턱대고 기다려요 밖이 잘 보이도록 커튼은 달지 않았어요 자주색 삼각 지붕은 슬픔이 고이지 않아요 저 혼자 기다리기 좋은 집이에요 낮에는 마당 구석에 귤나무를 심어요 밤이면 별자리 짚어 가며 숫자를 세요 금악리 중산간 마을 기다림을 먼저 배운 별들도 찾아와서 놀다 가기 좋아요 비스듬히 창문으로 엄마 같은 달이 와요 열 번째 봄이 지나 이제 열다섯 살 베트남 땅끝 마을 까마우라 했어요 엄마는 고향 마을 같아 제주가 좋다셨는데 아빠는 아직이에요 오빠도 아직이에요 이삿짐도 아직이에요 '오빠만 데리고 이사 간 줄 알았는데' 모두 다 아직이에요

이유를 아직 몰라서 집은 기다려요

석모도 대화

새들은 새들끼리 갈대는 갈대끼리

저마다 발목 담그고 하루를 해감하는

저물녘 노을 앞에선 당신과 나도 섬인데

사는 일이 갯벌 같아, 컥컥 뱉어 낸 말도

물때를 마냥 기다리는 우두커니 어선처럼

바닥은 바닥의 마음 소리 없이 읽는다

두더지 게임

반전을 가르친 건 불친절한 세상일 거야

하늘이 무너져도 다시 솟는 두더지는

절대로 죽지 않을걸, 절대로 지지 않아

서울 단상

하늘에서 본 도시는
현대판 주상절리다

줄지어 꽂혀 있는
초고층 아파트들

밤마다
급속 충전기

사람들이
켜진다

문득, 그런 생각을 했다

졸업식 날 찾아온
제자들을 안아 주었다

훌쩍 자라 넓어진 어깨
한참 내가 작아진다

너희를 담아내기엔
내 그릇이
참 작았구나

아침 달

엎드려 잠을 청했군
반쪽이 많이 눌렸어

혼자가 혼자에게
결국 쓰지 못했군

봄밤을 읽어 주다가
깜빡 잠이 든 게야

한 글자도 못 쓰겠어
그런 투정은 그만

눈꺼풀이 무거워
그런 상념도 그만

무심코 흐르는 말들
받아 적어 보라는데

무한 반복 테이프처럼
돌아오는 지구의 말

그걸 또 오려 내는
까치의 가위질 소리

아침은 백지 한 장을
다시 내게 건넨다

우리 금능으로 가요

바람을 눌러 대는
격정의 피아니스트처럼

하루를 조율하는 바다는 힘이 세서

끝없이 달려온 파도
휘파람새 같아서

이른 저녁에 닿으면
우리, 금능으로 가요

섬이라는 말과 덕분이라는 말 사이로

섬과 섬 이마를 대고
숨 고르는 안녕

서로가 가까워지려
말을 걸어오는 시간

사라졌던 말들이 물결 따라 돌아오면

가만히 바라보아도
웃는 법을 배워요

해설

시작의 섬광과 결정의 빛

김지윤(문학평론가)

일상은 견고해 보이지만, 사실 조금만 흔들려도 위태로워지는 무게 중심 위에 있다. 우리가 영위하는 일상적인 하루하루는 삶을 지탱하는 기반이고, 특별히 자각하지 않는 동안에도 우리는 그것을 지켜 내기 위해 분투한다. 그러므로 일상은 중대한 것이다.

그러나 어떤 변화를 촉구하는 상황에 놓이게 되었을 때, 우리는 미처 인지하지 못했을 뿐 이미 새롭고 다른 것에 대한 열망이 안쪽 깊은 곳에서 자라나 활성화되기만을 기다리고 있었음을 깨닫곤 한다. 그러니 일상은 평온과 익숙함 속에 역동과 개방성을 품고 있는 것이기도 하다. 일상에서 '비일상'으로 넘어가게 되면 평범한 하루는 한순간에 비범해질 수 있고 어둠 속에 숨어 있던 것들이 갑자기 제 나름의 빛으로 반짝일 수도 있다.

일상 세계는 문제 제기의 역할을 한다. 평범한 나날들 속에서 간신히 균형을 유지하며 살아가려 애쓰던 중 *대체 무엇 때문에?* 라는 질문이 스쳐 가며 삶의 방향을 재설정하게 될 때 일상이 놓인 토대는 쉽사리 불안정해진다. 그러니 매우 정적이고 지루한 것으로 보이는 일상은 사실 변화를 일으키는 동적인 힘을 품은 장場이 기도 하다.

삶의 기반이란 우리가 생각하는 것보다 더 취약한 상태이지만, 그 위태로움으로 인해 우리를 흔들고, 사유하게 만든다. 그리고 질문을 던지게 한다. 그 질문을 통해 드러나는 숨겨진 열망이 발현되면 이미 기다리고 있던 변화의 씨앗이 발아한다. 그러니 일상은 금방이라도 무너질 것 같이 허약한 토방처럼 보일지라도, 실은 새로운 무게를 받아 낼 준비를 하는 비옥한 토양일 수 있다.

『잠깐이라는 산책』은 일상을 세밀하게 바라보고 독특한 의미를 포착하는 김진숙 시인의 감각을 잘 보여주는 시집이다. 2006년 《제주작가》로 작품 활동을 시작했고, 2008년 《시조21》로 등단하여 시조집 『미스킴라일락』 『눈물이 참 싱겁다』를 출간하며 제3회 정음시조문학상을 수상하는 등 시조 시인으로 위상을 정립해 온 시인이 이번에는 시조의 틀을 벗어나 우리에게 새로운 시집으로 더 깊어진 독자적인 시 세계를 선보인다.

이번 시집에서는 일상에 대한 사유뿐 아니라 그 경계에서 비일상, 혹은 다른 차원으로 넘어가는 순간이 뚜렷하게 드러나는 작품들이 여럿 발견된다. 시인은 일상의 경계를 이탈해 비일상적 사유를 열어 가거나 새로운 의미를 부여하는 일을 고심한다. 이런 일은 결코 빠르게,

속전속결로 이루어질 수 없다. "잠깐이라는 산책"이라는 제목에서 느껴지듯 시인은 산책자가 되려 한다. 천천히 걷고, 머무르고, 길가의 나뭇잎이나 허공의 소리, 지나치는 순간의 빛과 그림자에 마음을 기울여야 한다는 사실을 안다. 시인은 자신의 두 발로 느리게 걷는 산책을 통해서만 사소한 변화를 감지하고, 일상의 표면 아래 숨은 미세한 결들의 움직임, 새로운 세계의 기척과 조짐을 섬세하게 포착할 수 있음을 아는 사람이다.

「잠깐이라는 산책」에서 시인은 "하루의 시간을 오려/하늘 한 번 보는 일//당신이 재촉하는 겨울 문턱을 넘다가/잠깐은 어디까진가 멈추고 선 날이다"라고 쓴다. 김진숙의 시 쓰기와 사유는 매 순간 '멈춰서 바라봄'과 '느리게 통과함'으로 완성된다. 하늘을 한 번 올려다보고, 기차를 기다리고, 밥물을 끓이는 평범한 일상적 행위 속에서 시인은 잠시 멈춤의 순간을 맞이하며 새로운 시적 여정에 접어든다.

> 한눈팔기 좋아하고 제멋대로 꿈을 꾼다
> 돌아와 생각하면 놓치는 일이 태반인
> 아무도 붙들 수 없는 그곳으로 가 보는 일
> ─「잠깐이라는 산책」 부분

"한눈팔기" 위해 멈춰 있으면서 시인은 "제멋대로 꿈" 꾸기 시작하고, 서서히 "아무도 붙들 수 없는 그곳"을 향해 걸음을 내딛게 된다. 이처럼 김진숙의 시에서는 사소한 일상적 행위가 존재의 의미를 묻는 비일상적 사유로 자연스럽게 전환되는 일이 종종 일어난다. 흔한 소재를 통해 불안, 내면의 동요를 전하거나 일상에 구멍을 내어 깊이 숨어 있던 비일상성을 소환해 내는 시인만의 방식이다.

「아침 달」을 한번 살펴보자. "엎드려 잠을 청했군/반쪽이 많이 눌렸어//혼자가 혼자에게/결국 쓰지 못했군//봄밤을 읽어 주다가/깜빡 잠이 든 게야//(…)//무한 반복 테이프처럼/돌아오는 지구의 말//그걸 또 오려 내는/까치의 가위질 소리//아침은 백지 한 장을/다시 내게 건넨다"는 시의 흐름을 통해 잠-각성-글쓰기라는 과정을 찾아볼 수 있다.

좀 더 풀어 보면, 잠(몽상/항거할 수 없는 쉼의 시간)-각성(일상의 재개/다른 감각)-글쓰기(새로운 시작/창조적 노력)라는 과정이 구조적으로 드러난다. 이를 통해 '시란 무엇인가', '글쓰기는 어떻게 가능한가'에 대해 시인이 가진 생각의 일면을 짐작해 볼 수 있다.

어느 날 시인은 자기 자신 안에서 흘러나오지 못하는 언어의 막힘을 느끼고 "결국 쓰지 못했군"이라고 중얼거린다. "봄밤을 읽어 주다가/깜빡 잠이 든" 것이다. 이 시집에서 자주 등장하는 '잠'은 의식의 이완, 무의식 세계로의 진입을 의미한다. 잠은 이성적이고 합리적인 사유의 종착점이자 의식과 무의식의 틈새에서 생겨나는 새로운 생각의 발아점이다.

창작 활동이란, 부단히 시도하지만 잦은 실패와 좌절을 겪게 하는 일이다. 시상과 시어들은 다가올 것 같다가도 멀어지며 붙잡으려고 하면 손가락 사이를 빠져나가는 모래알처럼 사라지기도 한다. "무한 반복 테이프처럼/돌아오는 지구의 말//그걸 또 오려 내는/까치의 가위질 소리"라는 표현은 세계의 언어와 일상, 이미 '돌고 또 도는' 무수한 말들을 선별하고 다듬어 자신의 언어로 승화시키려 고투하는 모습을 '오려 내기'라는 행위로 형상화한다.

까치는 전통적으로 소식을 전하는 길조의 모습으로 이미지화되어 왔다. 시인은 끊임없이 '남김/삭제/선택'을 반복하며, 자기만의 의미를 퍼즐처럼 새롭게 구성하는 주체다. "아침은 백지 한 장을/다시 내게 건넨다"라는 담담한 문장은 사실 창작하는 이의 필연적 숙명을 무겁게 드러내고 있다. 매일 반복되는 무無로부터의 시작, '백지'가 주는 공포와 약속을 늘 '처음'으로 돌아가 다시금 맞이해야 하는 운명 말이다.

모리스 블랑쇼Maurice Blanchot는 『문학의 공간』에서 창작은 매번 실패로 끝나지만, 그 실패조차 한 편의 글이 되며, 매일 새로운 백지 앞에 선다는 점에서 무한한 시작이 된다고 했다. 블랑쇼의 말을 빌려 보자면 "시작의 섬광과 결정이 빛나는" 시를 위하여 시인은 아침마다 백지 한 장을 새로 꺼낸다. 시인에게 '쓰기'란 매번 처음으로 돌아가 백지 앞에 서게 하는 일이며 '지구의 말'을 자신의 방식으로 오려 내어 자기만의 한 편의 시를 만들어 내려는 끝없는 시도다.

꿈과 몽상으로 접어드는 계기가 되는 '잠'은 시인에게 중요하며, 무의식으로 진입하기 위한 관문이다. 「당신의 밤은 어때요」에서 "쏟아지는 사유의 밤//잘 여문 밤톨 하나 손에 쥐고 만져 본다"라고 하고 있듯, 시인에게 밤은 사유와 내적 성찰의 시간이다. 「해동 일기」에서 "저녁은 마음을 꺼내 해동 버튼 누른다/한 번 닫힌 마음은 비틀어진 생선 같아//다 녹아 풀릴 때까지/쓰고 또 쓰라 한다"라고 하듯 저녁은 마음이 녹아내리는 "해동"의 시간으로 표현된다. "다 녹아 풀릴 때까지/쓰고 또 쓰라"고 촉구하는 목소리가 그의 내부에서 울린다. 그러니 시인에게 밤이나 잠이 편안한 휴식을 의미할 리가 없다. 오히려 잠은 내면의 불안과 긴장이 날것으로 노출되는 상태다. 「어떤 잠에 대하여」에서 "깜빡하면 잠들고 깜짝할 새 깨어나는 새/꽃잠도 귀잠도 아닌 노루잠" 구절은 완전하지 않은, 끊임없이 깨어나고 뒤척이는 불안한 잠의 상태를 표현한다. 시 속에서 잠은 낯선 곳을 탐색하는 여정으로 그려지기에 몸과 마음이 온전히 쉴 수 없다. 노루잠처럼 불완전한 잠은 무의식과 의식 사이의 경계에 놓인 시적 자아의 상태를 보여 준다.

밤, 달, 어둠은 시집에서 내면의 고독과 성찰을 표현하기 위해 자주 등장하는 이미지인데 「당신의 밤은 어때요」에서 "키보드 자판들이/어둠을 다듬는 동안//밤의 가장자리에 웅크린 당신과 나"라는 구절이 이를 잘 보여 준다. 밤늦은 고요한 시간에 키보드를 두드려 글을 써 내려가는 시인이 세상의 어둠을 자신만의 방식으로 형상화하고 있는 모습을 떠올려 볼 수 있다. 늦은 시간까지 키보드 앞에 앉은 "당신과 나"는 각자의 방식으로 밤의 상처와 고독을 '웅크린 채' 다독이고 있다. 「달의 외출」에서 "밤하늘 바라보다/주머니를 뒤적여요//날마다 비워 내도/다시 또 차오르는//어머니 생각나는 밤/달을 자주 읽어요"라고 하듯, 매일 돌아오는 밤은 또다른 새로운 상념을 불러온다.

시인은 어느 순간 나타나고 다시 사라지곤 하는 세상의 비의秘意를 어떻게든 붙잡으려 애쓰고 있다. 언제 그것이 다가오고, 또 멀어질지 모르기 때문에 시인은 안주

하거나 평안할 수 없다. 불안의 감정은 이 시집에서 시적 탐색의 중요한 동력으로 기능하는 것으로 보인다.

> 불안이 커지지 않게 물어뜯곤 했던 밤
>
> 손톱과 불안 사이
> 불안과 결핍 사이
>
> 어둠을 갉아 대도
> 이빨은 또 자라나서
>
> 남몰래 초승의 문장 훔치고도 싶었지
> ―「나는 자주 불안을 물어뜯었다」 부분

 불안은 몸과 마음을 갉아먹는 긴장 상태로 시적 자아를 몰고 간다. 그렇기에 "불안이 커지지 않게 물어뜯곤 했던" 것이다. 하지만 억지로 눌러 숨기려 한 불안은 해소되지 않는다. "어둠을 갉아 대도/이빨은 또 자라나"는 것이다. 한 번 물어뜯어진 손톱이 다시 자라듯 불안은 점점 더 커진다. 결국 시적 자아는 불안을 억지로 억누르거나 숨기는 것으로 해소할 수 없음을 깨닫게 되고, "남몰래 초승의 문장 훔치고도 싶었지"라고 한다. 불안을 동력으로 삼아 내적 고통과 마주하고 싸워 나갈 언어를 찾으려는 욕망을 갖게 된 것이다. 아직 미완의 모습이지만, 시작과 가능성의 의미를 지니는 "초승달"같은 언어를 추구한 끝에 시적 자아는 "그토록 부르고 싶던 말/아버지//나의 아버지"에 가닿게 된다. 자신의 정체성과 기억의 뿌리에 있는 '아버지'를 부르는 것은 내면의 불안과 결핍을 넘어 자신의 본질을 찾고 존재의 근원을 회복하려는 외침이라고 할 수 있다.

불안은 이처럼 시상을 깨우고 창조적 에너지를 분출하는 원천으로 작용한다. 익숙한 패턴과 진부한 생각, '빈틈없는' 일상에 대한 반동으로서, '당연한 것들'에 균열을 내고 자신의 본성을 회복하여 새로운 체험과 표현으로 나아가게 하는 동기이기도 하다.

「가을 한 채」의 시적 화자는 "달이 그믐 쪽으로 한 귀퉁이 깨물 때마다/불안을 물어뜯던 어릴 적 버릇은 남아"있다며 "방금 뜯은 불안은 책갈피에 넣어 둘래요"(「가을 한 채」)라고 한다. 불안은 시인의 창조적 여정을 가능케 하는 내적 자극이기에, 늘 마음 한 구석에 남아 있어야만 하는 것이다.

선택과 의지는 시인에게 매우 중요한 것인데, 이를 상징적으로 보여 주는 은유가 '손'이다. 이 시집에서 손은 창조와 변화의 행위를 나타내는 핵심 이미지로 자주 등

장한다. 손과 관련된 이미지들(지문, 핸드 프린팅)도 나타나는데, 이는 개별적 주체의 독자성과 정체성을 상징하는 것이다. 산다는 것은 "열 손가락 생의 지문"(「육추育雛」)을 남기는 일이므로.

손은 지문과 손금이 있어 다른 이와 구별되게 하는 부위이고 핸드 프린팅은 그 사람만의 고유한 흔적이 된다. 우리는 누군가의 손만 보고도 그 사람이 하는 일이나 살아온 날을 짐작하곤 한다. '짓다, 쓰다, 만들다'를 모두 할 수 있는, 손을 통해 이루어지는 일들은 한 사람의 선택과 의지의 결과다. 시인의 손이 써 내려가는 글자들과 그가 만들어 내는 시 세계는 하나의 '결심'이라고 할 수 있다. 자신의 삶과 언어를 능동적으로 만들어 내고자 하는 시인의 주체적 결단이 무르익어 그의 문장들이 된다.

> 주먹 쥔다는 건
> 내려놓지 못한 말
>
> 늦가을 안쪽처럼
> 반성 못한 일처럼
>
> 주먹을 다시 펴 보면

가진 게 너무 많아

많아서 흘리고
흘러서 담지 못하고

어제를 지나온 길이
이와 같지 않은지

온전히 나를 뒤집어
다시 쓰는 아침이다

—「손의 기억」 전문

 손은 뒤집을 수 있고, 쥐었다 펼 수 있다. 자율적으로 변화하고 갱신할 수도, 무언가를 붙들 수도, 놓아줄 수도 있다는 뜻이다. "주먹을 쥔다는 건/내려놓지 못한 말//(…)//반성 못한 일처럼" 무언가를 움켜쥐고 있다가도, 언제든 마음먹기에 따라 주먹을 다시 펼 수도 있는 것이다. 손을 펴는 순간 손아귀에 쥐고 있던 것들은 흩어지고, 새로운 무언가가 시작된다. "주먹을 다시 펴 보면/가진 게 너무 많아/많아서 흘리고/흘러서 담지 못하고"라는 구절에서 주먹을 펴는 동작은 놓아주거나, 나눠 주거나, 창조적으로 해방시키는 의미를 가진 행위다.

손은 애초에 내면의 의지와 자율에 따라 움직이는 신체 부위다. 손을 움직이는 것은 의지나 선택이며 자기 결정과 실천이다.

「지문 인식」에서 "아무리 눌러 보아도/나를 읽지 못해요//제발 나를 읽어요/침 발라 읽어 봐요//오른손 엄지와 검지/흐릿해진 손금들//하루를 통과할 때마다/내가 잠깐 사라져요"라고 했듯, 현대 사회에서 개인의 정체성과 자아는 쉽게 흔들리고 위기를 맞는다. 그러니 "겁먹은 적 많았지/나를 뒤집어 보는 일//(…)//내 안을 빠져나간 빗살무늬 지문들//절반을 살아온 길이/부끄럽게 찍히고"(「핸드 프린팅」)라는 후회를 반복하더라도, 빈손이 될 것을 무릅쓰고 나만이 가진 고유한 결과 무늬를 되살리는 일이 절실하게 필요하다. "온전히 나를 뒤집어/다시 쓰는 아침"(「손의 기억」)을 거듭해서 맞이해야 하는 것이다.

고통은 시인에게 중요한 시의 원천이다. "달라붙은 밥알을 버릇처럼 떼서 먹듯/몸에 붙은 울음을 습관처럼 잘라 먹"(「사적인 슬픔의 안부」)으며 세상 모든 것의 상처와 아픔에 관심을 갖고 만물을 향해 눈과 귀를 열어둔다. 심지어 사물의 기분까지 느끼고자 하는데,「못의 기분」에서 시인은 "무심코 찔리곤 하"다가 결국 "깊게 박힌" 못에 대해 깊이 생각한다. "헝클어진 낙서장에 녹슨 문장 한 줄"까지 버릴 수 없는 기억으로 갈무리된다. "모처럼 못처럼 비 오는 그런 날이면/하늘 향해 바로 선다는 못의 기분까지" 시인은 느껴 본다. 그러고는 "세차게 내리칠수록/완결되는 당신 같아"라고 중얼거린다. "종소리를 더 멀리 내보내기 위하여/종은 더 아파야 한다"(이문재, 「농담」)는 시 구절을 떠올려 보게 된다. "세차게 내리칠수록/완결"된다니. 세게 내리쳐서 못이 깊이 들어갈수록 "하늘 향해 바로 선다"는 것이다. 고통을 통해 존재는 단단해진다.

이 시집 4부의 작품들은 4·3사건 등 한국사의 비극이 남긴 상흔들을 보여 주고 역사적 아픔을 다양하게 조명하며, 망각과 침묵을 넘어 기록하고 증언하며 변화를 촉구하려는 의지를 드러낸다.

「장두 이재수」는 1901년 제주 민란의 지도자 이재수의 이야기를 통해 민중의 저항과 불의한 권력에 맞선 의지를 복원한다. "목숨을 지키기 위해 목숨 걸었"던 이름 없는 죽음들을 기억하게 하고, "꺼지지 않는 불씨로 남아"있기를 바라는 마음을 담는다.

「밀양이라 부르면」에서는 밀양 송전탑 투쟁을 통해 국가 발전에 희생된 사람들을 그려 낸다. "산에도 주인이 있다/나를 밟고 가거라"는 할머니들의 목소리를 담아내며 "철커덕 감전된 하늘/송전탑은 분명 유죄다"라고 일갈한다. "가슴으로 우는 바람 손바닥에 닿으면/울력으로 뒤척이다 쏟아지는 문장들"은 시 속에 "거대한 철탑에 맞서 맨몸으로 버틴 사람들//절절히 부르던 노래"를 되살려 낸다.

「산내 골령골」은 1950년대 한국 전쟁기 집단 학살지 '골령골'의 참혹한 역사와 비통함을 "거꾸로 구덩이에다/던져지던 그날", "새들은 노래하지 않았으리", "핏빛 울음" 등의 시구를 통해 압축적으로 보여 준다.

시인이 이러한 시들을 쓰는 이유는 분노나 비판 의식을 드러내려는 목표만이 아닌, 치유와 회복을 바라는 마음이 깊이 자리하고 있기 때문이다. 시인은 「곤을동 해바라기」에서 "4·3의 몸서리에도 해바라기 꽃씨를 뿌렸다"고 쓰며, "잃어버린 마을이라 아물지 않는 상처는 덧나기 일쑤라지만 더 이상 덧나지 않게 꽃씨를 뿌렸지요"라는 따뜻한 목소리로 "무너진 제주 돌담 쌓고 또 쌓으며 드디어 꽃씨가 자라 커다란 눈으로 자라,//수없이 깨어난 눈들"을 담아낸다. 국가 폭력으로 공동체가 파괴된 비극적 공간에서 살아남아 다시 "꽃씨"를 뿌리며 기억하는 이들의 의지를 조명하며 이것이 폭력적 세상을 바꾸는 '살림'의 힘으로 작용하기를 바라는 것이다. "닦고 또 닦아 내는 사월의 문장들은/흩어진 신발을 모아 짝을 맞추는 일"(「붉은 신발」)과 같다.

시인은 "오사카 이쿠노구 밀항의 시간 너머/누명 쓴 삼십일 년"을 위로하며 "수상한 나의 기록 다시 쓰는 지붕 아래/길 잃은 당신을 위해 방을 비워 둘게요"(「수상한 집」)라고 써 둔다. "길 잃은 당신"으로 부를 수 있는 모든 사회적 약자와 지워진 이들의 목소리를 복원하고 이들을 주체적 존재로 호명하는 시들은 소위 '소문자의 역사'를 기록하려는 윤리적 태도를 견지한다.

시인은 "빈손이 되어" 자신의 "몸에서 가장 정직한 바닥과 바닥의 마음"(「핸드 프린팅」)을 회복하려 한다. 끊임없이 자기 자신과 세계를 새롭게 마주하는 탐색을 계속하며 변화를 추구하려 내적 투쟁을 벌인다.

「사적인 슬픔의 안부」에서 시적 자아는 "사소한 오늘과 나를 무엇이라 번역할까/무너지지 않으려고 계속 쓸 수 있을까"라고 자문한다. 나 자신과 내가 겪는 슬픔을 사회적 언어로 온전히 설명하거나 해소하기 어렵고 타인의 슬픔 역시 나에게 그러하다는 한계를 보여 준다. "달라붙은 밥알을 버릇처럼 떼서 먹듯/몸에 붙은 울음을 습관처럼 잘라 먹다가"라는 구절은, 슬픔은 삶 속에 편재해 있고 사소하게 반복되는 것임을 알게 한다. 시인은 일상 속 작은 행위와 개인의 내밀한 감정을 통해 '사적인 것'의 깊이와 의미를 탐구하며, 이를 통해 "사적인 슬픔"을 보편적이고 근원적인 것으로 확대시키려 한다.

우리는 자신과 타인의 슬픔을 온전히 "번역"해 낼 수는 없지만, 누군가 흘리는 눈물을 마주하며 내 안의 울음을 떠올려 보는 것만으로도 서로 이어질 수 있다. 슬픔을 나누고 겹쳐 보면서 이해하고 위로할 수 있다. 결국 "시가 없다 사랑도 없다 서로가 멀어질 때/슬픔과 슬픔이었네, 나를 일으켜 세우는 것은"이라는 아름다운 문장에 도달하게 되는 것이다.

이 시집을 채우고 있는 것은 상처와 불안을 끌어안으며, 어둠에서도 기어이 빛을 바라보고 빛 속에서도 어둠을 잊지 않는 따스하면서도 서늘한 시들이다,

시집 맨 앞에 실려 있는 시인의 말을 다시 읽어 본다. "세상이/더 아팠으므로" 차마 "아프다 말하지 못했다"고 하는 시인이 자신의 고통을 정직하게 통과하여 세상의 아픔을 끌어안고 "올리브 묘목 한 그루 작은 화분에 심"는 마음으로 쓴 시들이 우리에게 도착했다. "내게도 꿈이 생겼다"는 말을 오래 어루만져 본다. 빛나는 시작과 결심의 흔적들을 되짚어 거듭 읽어 보려고 한다. 앞으로 펼쳐질 꿈의 여정에 함께하고 싶다. 그의 긴 보폭을 따라 천천히 걷는 오랜 산책이 되어야 하리라.

잠깐이라는 산책
2025년 11월 26일 1판 1쇄 펴냄

지은이	김진숙
펴낸이	김성규
편집	조혜주 최주연 권은하 한도연
디자인	신혜연
펴낸곳	걷는사람
주소	경기도 용인시 기흥구 동백중앙로 358-6, 7층 (본사)
	서울 마포구 월드컵로16길 51 서교자이빌 304호 (지사)
전화	031 281 2602 / 02 323 2602
팩스	02 323 2603
등록	2016년 11월 18일 제25100-2016-000083호

ISBN 979-11-7501-040-6 04810
ISBN 979-11-89128-01-2 (세트)

* 이 책은 서울문화재단 '2023년 창작집 발간지원사업'의 지원을 받아 제작되었습니다.
* 이 책 내용의 전부 또는 일부를 재사용하려면 반드시 지은이와 출판사의 동의를 얻어야 합니다.
* 잘못된 책은 교환해 드립니다.